TRANCHES DE VIE

ZABATT VICTOR

© 2018, Victor Zabatt

Edition : BoD - Books on Demand
12/14 rond-point des Champs Elysées, 75008 Paris
Imprimé par Books on Demand GmbH, Norderstedt, Allemagne
ISBN : 9782322143238
Dépôt légal : juin 2018

21*

Nombre insignifiant

Frémir pour l'avenir

Un nombre déroutant

Peur de tous ces rires

Impair de la nature

Tu paies la facture

Toute ta vie durant

Écrit sur ta figure

Ni discours ni pitié

Ce chromosome sourd

On l'entend chaque jour

C'est notre identité

La vie qui t'accompagne

Un combat pour tes gènes

Des rires ou la castagne

pour être tous les mêmes

Cette différence

Que seuls les borgnes voient

Ce n'est qu'une apparence

Notre vie on y croît

Des lachers de sourires

Pour quelques brins de bonheur

De l'amour en cascade

Pour étancher nos peurs

À terre

A l'abri dans mon coin

Les secondes s'égrènent

Le public se déchaîne

La cloche sonne mon destin

La douceur de ces poings

Qui tapent comme un burin

Mon avenir détale

Tous ces coups me font mal

Son sourire me démange

De léguer mes phalanges

Je frappe dans ce décor

Qui fait face à mon sort

Je cherche la force

De rester debout

Devant ce marteau

Qui m'enfonce comme un clou

J'ai les jambes qui tremblent

Bientôt les funérailles

Un funeste combat

Je ne tiens plus ma garde

Mon œil s'est refermé

Devant cette mitraille

La douleur me tiraille

Un écorché sur pied

J'ai un genou à terre

Un refuge pour la paix

Dans ma tête résonne

Comme un bruit de cymbale

J'ai le corps en papier

Un rouleau qu'on déballe

Froissé déchiqueté

Par cet homme au quintal

J'abandonne ma gloire

Devant ce phénomène

Noble art de l'extrême

Où il n'y a pas de haine

Attention au départ

Assis dans cette gare
Où se croisent les vents
Étrange univers
Où se croisent les gens

Un vent froid et glacial
Traverse mes pensées
Des papiers en cavale
Jonchés le long des quais

Des sourires ou des larmes
Valises sous le bras
Dans ce grand vacarme
Ils avancent à grands pas

Ils ont dans leurs bagages

Une vie une histoire

Des amours ou très noirs

Vers de nouveaux présages

Les enfants la grand-mère

Font partie du décor

Personnages ordinaires

Comme en technicolor

Les regards fatigués

Cheveux ébouriffés

Une démarche hésitante

Ils sont bien arrivés

D'autres sur le départ

Vers un autre horizon

Une nouvelle histoire

Les cœurs chargés d'espoir

C'est l'heure où le soleil

Se croise avec la lune

Les parfums s'évaporent

Dans cette vie nocturne

Les larmes partagées

Des amants retrouvés

Échangent des regards

Aux envies très pressées

C'est le soir il est tard

La vie s'est diluée

La gare s'est endormie

Attention au départ

Avenir

J'ai retrouvé ma flamme

Sur l'étal des malheurs

Mes sentiments mon âme

Pour une vie meilleure

J'ai dépoli l'ennui

Pour éclairer ma vie

Décroché le rideau

Pour voir le jour plus tôt

Un nouvel avenir

De la place pour s'enfuir

Un nouvel horizon

J'élimine tous les cons

Je cherche la fraîcheur

Dans ce bouquet de fleurs

Des étamines roses

De l'amour qui explose

J'ai entérré mes peurs

Dans une bière sans saveur

Exhumé le plaisir

Pour un nouveau délire

J'ai croisé cette odeur

Qui enivre mes nuits

Une ombre que je suis

Piétinée par l'envie

Je ne regarde plus derrière

Ce fardeau que je fuis

Je cherche les courants d'air

Pour goûter mes envies

Caché dans les méandres

D'une vie sans arôme

J'ai délivré le sel

Pour savourer les aubes

Ces larmes

Je vais sécher ces larmes

Qui innondent tes nuits

Ce torrent d'eau salé

Qui brûle ton passé

Je vais souffler ce mal

Éteindre cette flamme

Apaiser ces douleurs

Qui calcinent les coeurs

Je vais t'offrir mon âme

Une cuirasse pour ta vie

Une seconde peau

Pour combattre les maux

Je vais écrire la nuit

M'enivrer de ces mots

Me plonger dans ces lignes

Pour te sortir de l'eau

Je vais briser ces chaînes

Ces liens qui te retiennent

Une existence soudaine

Ta liberté chérie

Je vais bâtir un pont

Pour enjamber ta peine

Détruire tous ces murs

Où se cache ta haine

Je vais jetter le sel

Pour bannir tes démons

Souffler fort dans le ciel

Éclaircir l'horizon

Je vais ralentir les heures

Les jours et les semaines

J'ai peur que le temps

Efface nos serments

Je vais te regarder rire

Avaler ton sourire

Dérober tes yeux verts

Et survoler ta chair

Cœurs

Tu es un doux rêveur
Subjugué par les cœurs
Un forçat du désir
Enchainé par plaisir

Écoute battre ces cœurs
Un tambour pour la vie
Un roulement où s'écrit
L'ivresse d'une nuit

Un tantinet rieur
Tu souris à la vie
Juste un brin moqueur
Pour éloigner l'ennui

Quand Ton coeur est en fuite

C'est un amour percé

Une liaison écorchée

À soigner au plus vite

Hystérie et fusion

Tu te fonds dans ces rites

Mystère et cachotterie

Tu masques tes folies

Syndrome de la passion

Tu soignes ton affection

Un remède pour les coeurs

En perte d'émotions

Épouse chaque instants

Pour contrôler le temps

Ces moments de délice

De sueur de malice

Tu appartiens à ces coeurs

Qui dérobent les serments

Des récits alléchants

Dispersés par les vents

Delice sucré

Elle est un peu frivolle
Comme dans les années folles
Legère comme la brume
Qui couvre cette dune

Cette fille là m'affole
Empire de l'indescence
Où tu perds tous tes sens
Et parfois la boussole

Fraîche comme une fleur
Des effluves de senteurs
Douce comme la nuit
Un rêve qui te poursuit

L'empêcher de sourire

Sinon gare au délire

Un mal qui t'atteint

Et qui devient malsain

Un regard sans fard

Qui ne peut rien masquer

Un visage éclairé

Aux contours de poupée

Son enveloppe charnelle

Une sorte de trésor

Frénésie solennelle

Pour cette âme sensuelle

Les lignes de son corps

Une lutte sans merci

Un duel de rondeurs

Et de formes adoucies

Un délice sucré

Qu'on voudrait déguster

Un goût très éphémère

Qui nous laisse rêver

Demain matin

Demain matin tout sera fini

Humidifiés les yeux rougis

Déluge de haine cœurs à la peine

On ne pourra plus se regarder

Sous cette lumière tamisée

Je ne verrai plus tes hanches galbées

Ton doux parfum aux milles senteurs

Une sainte odeur évaporée

J'étais peut être aveugle et sourd

Lourd handicap pour notre amour

Cet inconnu aux yeux rieurs

A dépouillé toutes mes faveurs

La nuit sera courte pour étaler

Ce déballage d'amour gaché

Un buffet froid à digérer

Les ingrédients sont périmés

Cette vieille horloge bien cadencée

Décompte le temps faut se dépêcher

Compte à rebours plus de discours

Je sens tes larmes bien accrochées

Tes valises bien alignées

Près de la porte pour s'échapper

Un lourd fardeau qu'il faut porter

Poids des regrets qu'il faut traîner

Les souvenirs vont s'entasser

Puis doucement s'évaporer

Mémoire poreuse à colmater

Ou souvenances à écraser

J'entends au loin le coq chanter

La lune va bientôt s'enterrer

Peinture luisante une voiture grise

Attend en bas sa belle promise

Hier

Hier j'étais rêveur
Aujourd'hui les sanglots
Je porte ce fardeau
Accroché à mes os

La douleur qui m'habite
Solitaire hypocrite
Personnage sournois
Qui s'invite chez toi

Une chambre austère
Une vie de passage
De la rage au supplice
Je vois le paysage

Un rayon de soleil

Qui éclaire mon sursis

Une lumière d'espoir

Qui m'éloigne de ce noir

Ma vie est ensérrée

Par ce crabe détesté

Un châtiment extrême

Qui me ronge les veines

Comme une bête féroce

Je puise dans mes forces

Contre cet ennemi

Á l'abri dans ma vie

Mes armes le sourire

L'espoir et puis les rires

Une pléiade pour crier

Mon envie de liberté

Hiver

Assis vers la fenêtre je contemple l'hiver
Des morceaux de ma vie qui me rappellent hier
Une glace qui pôlit les feuilles sur le sol
Le reflet du soleil dépose sa lumière

Un froid magistral qui glace les entrailles
Les piétons engouffrés derrière toutes ces mailles
Se pressent à grands pas rejoindre la nichée
Pour rechauffer les corps les cœurs les biens aimés

Le visage rosé une perle au bout du nez
Les enfants s'égosillent par des cris dispersés
Le pompon du bonnet s'étale de chaque côté
Secoué par des courses aux rythmes effrénés

Une fumée épaisse à la couleur blanche
S'échappe des voitures qui avancent en cadence
Un mélange de couleurs qui s'affiche dans la rue
Un parfum une odeur qui doucement nous tue

Un vieux café aux éclairages ternes
Une épaisse buée qui cachent toutes les cernes
Tous ces habitués à ces rites fraternels
S'échauffent le gosier une prune un Daniel's

Des arbres dénudés des squelettes géants
Saison où la pudeur s'oublie jusqu'au printemps
La nature a cessé d'égayer les passants
Les fleurs et les oiseaux de grâce on les attend

Toujours à ma fenêtre devant ces murs gris
Ce rayon de soleil va finir dans l'oubli
Les ombres sont parties jusqu'au petit matin
Pour faire place à la nuit qui trace son chemin

Ces belles avenues aux milles étincelles
Qui scintillent la nuit à l'approche de Noêl
Un joli quadrillage qu'on aperçoit du ciel
Un joli maquillage seulement pour l'essentiel

Je rêve

Je rêve je rêve
D'un amour englué
Enlisé dans la sève
De l'arbre du péché

Je rêve je rêve
D'un amour en papier
Une cocotte de rêve
Qu'il faut juste plier

Elle m'a dit ce soir
Rendez-vous près du square
Jusqu'à la nuit tombée
Je suis resté planté

Je fais semblant de croire

Á une belle histoire

Á un conte de fée

Mille fois imaginé

Je l'épouse chaque soir

Dans mes rêves effrénés

J'essaie d'embrasser

Ce fantôme embrasé

Je projette dans le noir

Nos prochaînes années

Cachées dans les placards

Á partager le soir

J'attache mes envies

Au pied de ce grand lit

Je pose mes regrets

Sur ma table de chevet

J'éteinds cette lumière

Qui brûle mes pensées

Demain une étincelle

Pour m'aider à rêver

La boulangère

La petite boulangère

Aux longs cheveux bouclés

Me met dans le pétrin

Quand elle rend la monnaie

Un façonnage divin

Envie de pétrifier

J'ai le cœur en panique

Tous les sens qui s'agitent

Une belle peau dorée

Comme ces petits croissants

Une envie de croquer

Cette main qu'elle me tend

La couleur d'un ciel pur

Se repand dans ses yeux

Un regard qui dérange

Un sentiment étrange

J'aimerais lui parler

Comme on parle à un ange

Des douceurs dans la voix

Des paroles qui se mangent

Un mélange de saveurs

Sur ses mains au labeur

Je lègue mes pensées

Sur ses doigts éffilés

La chaleur du fournil

Des odeurs qui ennivrent

Le décor d'un délire

Pour de tendres soupirs

Je déguste ce pain

Tout seul dans mon carré

Pour que demain rappelle

Ce goût d'amour brûlé

L'amour*

L'amour est un délice

De saveurs et d'épices

L'amour est une fleur

Un vertige de couleurs

L'amour c'est une rencontre

Les regards éffarés

L'amour c'est une larme

De joie ou de douleur

L'amour c'est le bonheur

De l'ivresse dans les cœurs

L'amour c'est qu'une envie

De s'attacher à lui

L'amour c'est un besoin

L'attirer dans un coin

L'amour c'est vital

Pour tous ceux qui ont mal

L'amour même lointain

On garde un bout de chemin

L'amour laisse rêveur

Ça peut durer des heures

L'amour c'est pour la vie

Ou seulement une nuit

L'amour c'est pas de l'amour

S'il n'y a aucun retour

L'amour ça fait souffrir

Jusqu'au souffle dernier

L'amour est un récit

C'est écrit pour la vie

L'amour est un grand cri

Sourd et sans répit

L'amour quand tu l'oublies

Un vide qui détruit

L'amour c'est le mélange

Une peau claire ou foncée

L'amour il s'évapore

Perçé par les années

L'amour ça se répare

Il faut juste colmater

L'amour même dans le noir

Une douceur à croquer

L'amour quand il s'égare

Il faut le raisonner

L'amour est un remède

Contre une vie trop tiède

Il réchauffe les êtres

Antidote du mal-être

Le courage

Il en faut du courage

Pour être face à lui

Le courage tu l'implores

Ou parfois tu le fuis

Le courage il t'appelle

Quand tout le monde s'enfuit

Un appel au secours

Qui rend aveugle et sourd

C'est cette volonté

Qui t'empêche de sombrer

C'est cette main de fer

Pour sortir de l'enfer

Le courage est une force

Contre tous ces féroces

Un combat sans répit

Qui dure toute une vie

Le courage en amour

C'est lâcher un grand OUI

Masculin Féminin

Ou les mêmes réunis

Le courage un hommage

Á ceux qui sont tombés

Le courage n'a pas d'âge

Juste l'envie de foncer

Le courage il s'écrit

Sur un bout de papier

Juste un mot de travers

Mains et pieds aux fers

Le courage une lutte

Sans armes et sans mépris

Un seul regard suffit

Pour affronter la vie

Le mur

Un mur de briques rouges

Collé au ciment gris

Des impacts dans le rouge

Qui ont fait taire ces cris

Vestige abandonné

D'une usine à jouets

On joue avec les hommes

Des quilles qu'on dégomme

Pas le temps de réfléchir

Il faut juste appuyer

Les regrets sont après

C'est juste un condamné

Collé contre ce mur

le temps de s'afficher

Des pleurs des injures

Ou de brèves pensées

La vision de ces corps

Tombés enchevêtrés

Un spectacle où la mort

Joue les rôles premiers

Liberté chérie

Combien en as-tu pris

Dévoreuse d'humains

Pour être libre demain

Une monnaie d'échange

Au bout de la phalange

Ta vie ne vaut que dalle

Contre une simple balle

Échanger sa vie

Contre la liberté

Un coup de fusil

Parfois vite oublié

Le temps*

Je cours après le temps
Ce sablier ludique
Quand il est transparent
C'est ton corps qui s'effrite

Les rides des vieux amants
Ont tracé ces visages
La vieillesse est un art
C'est un tableau sans fard

J'empile les années
Dans l'armoire du passé
Encore beaucoup de place
Qu'il va falloir combler

Sitôt le premier cri

C'est la course à la vie

Les amours les enfants

Et c'est déjà fini

Si ta jeunesse te fâche

Faut te réconcilier

C'est un moment de grâce

Qu'on aimerait racheter

C'est le temps des cerises

Ou le temps des regrets

Des moments qui te grisent

Et d'autres pour pleurer

Je soupçonne le temps
De m'épier chaque instant
Éplucher mes délires
Jusqu'au dernier soupir

Pas le temps de conjuguer
Aimer à tous les temps
Il faut prendre le temps
De s'aimer chaque instant

Tourne la tête en arrière
Tu verras ton passé
Comme une trainée de poudre
Qui te suit à tes pieds

Le temps d'un petit oui

Pour être enfin bagué

Comme les oiseaux qu'on suit

Plus le droit de s'égarer

Le temps faut s'en payer

Du bon ou du mauvais

C'est comme le réglisse

Faut juste dérouler

C'est le temps des discours

Il faut changer la cour

Tous ces bonimenteurs

Pour un semblant de meilleur

Le temps est suspendu
Sur le fil de la vie
Faudra le décrocher
Quand viendra le répit

Encore de beaux serments
Aux promises aux amants
Des tirades pour aimer
Le temps de s'enflammer

Le temps d'un je t'aime
Simplement deux mots
Qui frissonnent le dos
Emotion souveraine

Le temps d'écrire ces vers

Juste entre ces deux verres

Je cherche la matière

Dans le fond de mon verre

Si un jour j'ai le temps

Je me verserai dans l'amour

Ou dans les beaux romans

Qui font frémir les cours

Si le temps m'est compté

Je vais arrêter de compter

Tout remettre à zéro

J'arrête le chrono

J'écorcherai les jours

Qui me feront souffrir

J'éffacerai les mois

Qui voudront me détruire

J'ai perdu trop de temps

A vivre sur mes regrets

J'avance sans regarder

Pour rattraper le temps

On ne peut compter sur lui

C'est comme de l'eau boullie

Il s'évapore lentement

Te réduit à néant

J'éteindrai cette bougie

Quand tout sera fini

Je soufflerai la flamme

Qui éclairait mon âme

Lumières*

J'en appelle à la lumière

Pour éclairer ta vie

Á la lune l'ami fidèle

Pour éclaircir tes nuits

Tu verras 36 chandelles

Dans les bras de ta jolie

Dur sera le réveil

Les yeux chargés d'envies

Plonger comme Archimède

Aux tréfonds de l'amour

Une pression que l'on aime

Qui te pousse vers le jour

L'amour sacré te fuit

Caché derrière tes rêves

Où trouver ce grain de riz

Pour un sens à ta vie

Ça rutile sur les idylles

Torrides et précaires

Les amants s'envoient en l'air

Sur une musique volatile

Tu vois au loin cette lueur

Un amour qui fond les cœurs

Cœurs noués chargés d'ivresse

De sentiments qui se déversent

Ma foi*

J'ai déclaré ma foi

A ces crayons de bois

Conféssé mes idées

A ces bouts de papier

Un vrai chemin de croix

Pour écrire quatre mots

J'écris n'importe quoi

Pour soulager mon dos

Je fais comme à l'église

Je partage tous mes textes

Quand le calice est plein

Je bois ces mots divins

J'implore tous les saints

Dès que la messe est dîtes

Pour que ces lignes écrites

Prennent le bon chemin

Je ne crois pas aux miracles

Seulement à mon destin

Ma gomme et mon crayon

Ma seule religion

S'il existe un royaume

Où les pages sont blanches

Je l'inonderai de lettres

Pour un semblant de fête

Ma vie

Je partage ta vie
De l'amour en fusion
J'ai dispersé l'ennui
Pour garder la passion

J'ai décimé les peurs
Pour faire place au désir
Je garde ta chaleur
Une flamme pour frémir

J'ai ton cœur dans mes veines
Étrange anatomie
Un circuit que l'on aime
Où la peine est bannie

Des sentiments qui trainent

Accrochés à mes nuits

Des rêves qui s'enchaînent

Un forçat qu'on envie

Je succombe au pêcher

Supplice de l'extrême

Des instants de délire

Pour caresser l'eden

Je te regarde vivre

Une toquade qui m'enivre

Un ravissement suprême

Une allégresse sans trêve

Mes 60 ans

Six dizaines d'une vie qui doucement se réduit

J'égrène les années effacées par le temps

J'ai peur que l'avenir me réduise à néant

Ma mémoire s'envole emportée par les vents

La couleur de ma vie commence à s'assombrir

Ma lumière s'affaiblit mon horizon tarit

Mon visage mon sourire commencent à se rider

La douleur m'envahit le travail m'a plié

Je donne un coup de pied à toutes ces inepties

J'ai jeté dans le puits ces idées qui m'ennuient

Cette sixième décennie celle qui va faire du bruit

Une nouvelle vie qui m'attend qu'on m'envie

Délivrer des passions cachées dans mon esprit

Un amas de raison quelques grains de folie

Une recette tardive mélange de fantaisies

Aujourd'hui je proclame une deuxième vie

Un grand-père dans l'âme ces doux moments bénis

Un père qui s'enflamme pour ses enfants chéris

Je partage un cœur tendre à celle qui m'a seduit

Je dégage mon amour sans limites pour ma cour

Je vais dévorer les années qu'il me reste

Disséquer les jours dépecer les semestres

Soulever les barrières effacer mes colères

Faire reculer l'instant de l'appel à la bière

Miroir*

J'ai vu dans ce miroir

Mon visage réfléchi

Les cheveux dispérsés

Et le regard aussi

J'ai vu dans ce miroir

Une partie de ma vie

Passé décomposé

Et futur que j'envie

J'ai vu dans ce miroir

Les trésors bien cachés

Mensonges ou vérités

Que l'on veut bien garder

J'ai vu dans ce miroir

Une enfance perturbée

Une mère désemparée

Et un père égaré

J'ai vu dans ce miroir

Un pari réussi

Celui de rendre heureux

Et de donner la vie

J'ai vu dans ce miroir

Le bonheur d'être aimé

Passage obligé

Pour une vie réussie

J'ai vu dans ce miroir

L'aube d'une autre vie

Chanter dans le noir

Écrire toute la nuit

J'ai vu dans ce miroir

Qu'on ne peut vivre sans amis

Équilibre vital

Pour une vie pas banale

J'ai vu dans ce miroir

Qu'il n'est jamais trop tard

Pour une vie ordinaire

Ou vivre une autre histoire

J'ai vu dans ce miroir

Que l'âge ne peut rien faire

Suffit seulement d'y croire

Avancer pas s'en faire

J'ai vu dans ce miroir

Un caractère enjoué

Rieur et amuseur

Et parfois éffacé

J'ai vu dans ce miroir

Ce que je veux bien montrer

Un air décontracté

Faux semblant pour jeter

Mon ami

J'ai perdu mon ami

La mort lui a sourit

Il en faut des manières

Pour voler une vie

Dans l'aire de l'amitié

Mon cercle s'est réduit

Une géométrie

Qu'on ne peut corriger

Mon âme est en souffrance

Tiré par cette absence

Une douleur de l'esprit

Qui me tiraille la nuit

Son ombre a disparue

Le reflet de son âme

Son corps je ne le vois plus

Avalé par les flammes

Ses rires se sont tus

Son sourire s'est fermé

Je n'entends plus ses mots

Cette voix qui braillait

Une présence souveraine

Un ami que l'on aime

L'ombre de soi-même

Un partage de ses veines

Ma haine se déchaine

Vers ce destin brisé

Pourquoi ceux que l'on aime

Sont toujours les premiers

Noir

J'ai épousé ce blues

Au parfum de coton

Enfilé mon blouson

Pour entendre ce son

Blottis là dans le noir

Ils éclairent les mémoires

J'ai fait des kilomètres

Pour écouter l'espoir

Un mélange de tons

Guitares et sons cuivrés

Un mélange de discorde

Une voix pour s'accorder

Cette musique langoureuse

De la miséricorde

Un appel à l'amour

Pour détacher les cordes

Cette souffrance éffrénée

Sur la scène éclairée

Transpire la haine

La misère et l'enfer

Un pigment différent

Pour faire parler l'histoire

Une vraie peau de noir

qui rappelle ces affres

Mes entrailles se déchirent

Sur ces plaintes furtives

L'agonie me tiraille

Un tourment qui m'afflige

Je sombre chaque soir

Dans ces morceaux de vie

Je plonge dans cette musique

Héritage de l'Afrique

Nuit*

Je vis la nuit aucun répit

Un homme du soir je vis dans le noir

Les boîtes de nuit c'est mon hobby

J'attends le soir jamais en retard

Après minuit j'ai plus le cafard

Suis affalé près du comptoir

Regard troublé par la fumée

Et tous les verres que j'ai avalé

Je vis la nuit quel désespoir

Et la journée toujours dans le noir

Mon oreiller est mon ami

C'est à lui seul que je me confie

Si seulement on était deux

Dormir la nuit je serai plus heureux

Je lui partagerai mon oreiller

Voire un peu plus et l'embrasser

Je ne veux plus vivre comme une taupe

Toujours dans le noir et solitaire

Je veux vivre comme tous les autres

De la lumière pour qu'on m'éclaire

Une vie obscure c'est bien joli

Des farandoles toute la nuit

Quand vient le jour il est trop tard

Pour se construire une belle histoire

Oui

Ce ciel couleur d'azur

Comme tes yeux me rassure

On part à l'aventure

Vers cette lumière pure

Un nouvel horizon

Aux lignes sinueuses

Un avenir béton

Pour une vie moins creuse

Un grand oui tu m'as dit

Devant tous réunis

Pour simplement trois lettres

Je m'accroche à ta vie

Je regarde et j'écoute

Celle qui trace ma route

Je l'enlise dans l'amour

Un bourbier qu'on savoure

J'espère être assez fort

Pour garder le bon cap

C'est dans les vents très forts

Que la grand voile craque

De l'amour a donner

Comme on donne le sein

Nos deux corps accolés

Pour un très long destin

Un voyage au long cours

Pour attendrir nos jours

Sans escales et sans ports

Un destin sans remords

Quand tout sera fini

La terre et la poussière

Á nouveau réunis

Avec un grand oui

Suprême*

Suprême délice

Pour cette main qui glisse

Sur cette peau dorée

Soyeuse et veloutée

Suprême couleur

Ces cheveux détachés

Ma main se laisse aller

Vers ces reflets cachés

Suprême bonheur

Pour ce regard rieur

Un tantinet moqueur

Qui fait fondre les cœurs

Suprême envie

Pour cette bouche vernie

Un galbe très marqué

Une envie de se poser

Suprême visage

Des formes qui présagent

Comme dans les contes de fée

Un amour à crever

Suprême saveur

Pour ce charme embusqué

Dans ce corps envouté

Démon de volupté

Suprême velours

Cette présence qui m'entoure

Douce carapace

Contre le temps qui passe

Surprise

Je t'offre la surprise

D'une nouvelle vie

Un nouvel horizon

Pour faire fuir l'ennui

Les tracas du passé

Il faut les oublier

Fini les beaux discours

De ces hommes en velours

Je t'offrirai la lune

Le soir soleil couché

Tu m'offriras ta lune

Couchés jusqu'au lever

Une vie sans saveur

Fade et qui m'écoeure

Cette période rance

On va la rendre meilleure

On s'est bien fait avoir

Par l'appel du pouvoir

On s'est bien fait rouler

Pour quelques gros billets

Fini tous ces mondains

Aux dents longues acérées

Une amitié sincère

Fragile comme du verre

Il nous faut rattraper

Tous ces baisers volés

Les fossoyeurs de couples

On va les oublier

J'en appelle à l'amour

Que l'on va se partager

Un dosage sans débours

En grosses quantités

Remerciements

Je dédie ce second recueil à mes proches

Et à tous ceux que j'aime, ils se reconnaîtront.

Une décicace toute particulière au groupe de musique

Auquel j'appartiens qui si nomme « Cohésion S »

Priscilla la chanteuse, Catherine, Guy, Jean Pierre

Erwann, Marc et Bruno les musiciens.

Je les remercie

Certains textes* sont extraits du premier livre